VENTE
du Mercredi 2 Mai 1900
HOTEL DROUOT, salle nº 8
à 2 heures

EAUX-FORTES MODERNES

LITHOGRAPHIES

ŒUVRES
de
BONINGTON, BRACQUEMOND, BUHOT,
DELACROIX, GOYA, HADEN, JACQUE, MÉRYON, RAFFET,
ROPS, WHISTLER, ETC.

ESTAMPES DIVERSES

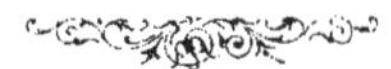

Me Maurice DELESTRE, Commissaire-priseur
5, Rue St-Georges

M. Loys DELTEIL, artiste graveur, expert
67, Rue Ste-Anne

VENTE
du Mercredi 2 Mai 1900
HOTEL DROUOT, salle n° 8
à 2 heures

EAUX-FORTES MODERNES

LITHOGRAPHIES

ŒUVRES
de
BONINGTON, BRACQUEMOND, BUHOT,
DELACROIX, GOYA, HADEN, JACQUE, MÉRYON, RAFFET,
ROPS, WHISTLER, ETC.

ESTAMPES DIVERSES

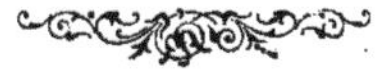

Me Maurice DELESTRE, Commissaire-priseur
5, Rue St-Georges

M. Loys DELTEIL, artiste graveur, expert
67, Rue Ste-Anne

CONDITIONS DE LA VENTE

Elle sera faite au comptant.

Lee acquéreurs paieront *cinq pour cent* en sus des adjudications.

M. Loys Delteil, remplira les commissions que voudront bien lui confier les personnes ne pouvant y assister.

MM. les amateurs pourront visiter la collection *67, Rue Ste-Anne, les 28 et 30 Avril, de 9 h. à 4 heures et le 1er Mai de 9 h. à midi.*

DÉSIGNATION

Anonyme

1 — Arrivée à Paris de la Voiture à vapeur aérienne..... Lith. Belle épreuve. Rare.

Arago (Jacques)

2 — Caricatures extraites de *la Mode* — Grande feuille de Croquis, très rare. En tout sept p. Belles épreuves.

Audran (Jean)

3 — Parnasse Français à la Gloire de la France et de Louis le-Grand. Grand in-fol. Belle épreuve, doublée.

Bellangé (par et d'après H.)

4 — Napoléon — Avant la Bataille — Après la Victoire — Spectacle gratis — Le Relai. Cinq p. in-4 et in-fol. Belles épreuves.

Boilly (L.)

5 — Les Journaux — L'Economie politique — Le Singe mendiant — Ah! le méchant. Quatre lith. Belles épreuves

Boilvin, Champollion, Abot

6 — Agacerie — Scène de Rabelais -- Le Traineau, etc. Huit p. Belles épreuves, la plupart en épr. d'artiste.

Bonington (R.P.)

7 — Pesmes (A. Bouvenne 6) — Vue générale de l'Eglise de l'Abbaye de Tournus (7). Deux p. Très belles épr., sur chine.

8 — Ruines du Chateau d'Arlay (A.B. 11) — Croix du Moulin des Planches (13) — Rue des fauxbourgs de Besançon. Trois p. Très belles épr., sur chine.

9 — Tour du Gros-Horloge à Evreux — Pesmes — Abbaye de Tournus — Eglise de Brou. Quatre p. Belles épr., sur chine, remontées.

Bonvin (François)

10 — Première suite de dix Eaux-fortes. Paris et Londres. Suite complète sur japon dans la couverture de publication.

Boret (G. de) et **Ulm**

11 — Almanach de la Société des Aqua-Fortistes. 1866. douze p., et 1 titre, cart. — Le Salon de 1866. par Boetzel Deux albums.

Boucher (d'après F.)

12 — Les Amusements de l'Hiver — Le Calendrier des Vieillards — Mlle de X** en habit d'Eté — Erigone vaincue — Bergère. Cinq p. par Daullé, Larmessin, Michel, Duflos et Demarteau. Belles épr.

Bracquemond (Félix)

13 — Le Haut d'un battant de porte (H.B. 110). Belle épr., du 5e état.

14 — Les Taupes (134). Très belle épr., avant la lettre.

15 — L'Inconnu — Vanneaux et Sarcelles (174-175). Deux p. Belles épr., d'artiste, sur japon.

16 — Meyer-Heine — Ils s'en allaient dodelinant... — Le Loup dans la neige — Frontispice. Quatre p. Belles épr.

17 — Champfleury — St Jean-Baptiste, d'apr. Bida — Métairie d'apr. Rousseau. etc. Six p. Belles épr., une avant la l.

18 — Les Taupes — Sarcelles — Le Corbeau — Cigognes — L'Inconnu. Six p. Belles épreuves.

19 — La Terrasse de la Villa Brancas (H.B. 215) — Le Pont des Sts Pères (217). Deux p. Très belles épreuves d'artiste la 1ere avant la *maison ajoutée*.

20 — L'Homme qui court après la Fortune et l'Homme qui l'attend dans son lit, d'apr. G. Moreau. Très belle épr., sur japon, signée.

21 — Le Singe et le Chat, d'apr. G. Moreau. Très belle épr. sur japon, signée.

22 — Soleil couchant, d'apr. Corot (H. B. 251). Superbe épr.

23 — Le Miroir, d'apr. Chaplin (259) — Don Quichotte, d'apr. Goya (286). Deux p. Très belles épr. d'artiste.

24 — La Servante, d'apr. H. Leys (280). Très belle et rare épreuve d'artiste.

25 — Eaux-fortes pour le Catalogue de la Galerie San Donato. Vingt-trois p.

Brand (L.)

26 — Marchand d'Estampes — Revendeuse de peaux de lievres — Vendeuse de Chapeaux — Vendeur de Lunettes — La petite Poste. Cinp p. Très belles épr, coloriées, rares.

Bruce (J.)

27 — *Select Views of Brigthon,* neuf p. en couleurs dans la couverture de publication. Très belles épreuves.

Buhot (Félix)

28 — Débarquement en Angleterre (G. B. 130) Très belle épr. sur papier essencé, avec dédicace et timbrée.

29 — L'Orage, d'après Constable (G. B. 145). Très belle et rare épr. du 2e état, signée et timbrée.

30 — La Fête nationale au Bd Clichy (127). Très belle épr. impr. en 2 tons, signée et timbrée.

31 — L'Hiver à Paris (128). Très belle épreuve tirée en ton gris, timbrée.

32 — La même pièce. Très belle épr. du 3e état.

33 — Westminster-Palace (155). Très belle épr. timbrée.

34 — L'Entrée de Landemer (57) — Frontispice de l'Illustration nouvelle (124). Deux p. Très belles épreuves.

35 — Japonisme (G. B. 11-20). Suite complète de 10 pl. Très belles épreuves dans la couverture de publication. On y a joint six épreuves d'essai. En tout seize p. Très belles épreuves.

Calamatta (Luigi)

36 — Masque de Napoléon, d'apr. le plâtre du Dr Antommarchi. In-fol. Superbe épreuve.

Caricature (Journal la)

37 — Caricatures politiques. Cent-trente pièces. Très belles épreuves.

Caricatures

38 — *Lolo-Phiphi* (Louis-Philippe 1er), Caricature publ. à Londres. Belle épr. coloriée. Très rare.

39 — Caricatures politiques — Portraits-charges, etc. Vingt-et-une p , par Grandville, Danten, etc.

40 — Physionomies des Chanteurs — Musiciens comiques Croquades politiques — Scènes humoristiques. Cinquante-quatre p.. par Cham, Gavarni, Traviès, etc

41 — Album du Siège, par Daumier et Cham — Album de charges sur le Communisme et le Socialisme, par Cham, Daumier et Vernier. Deux albums cart.

42 — Nos jolies Parisiennes, par Ed. de Beaumont — Album de (20) Lithographies, par les Artistes du Charivari. Deux albums.

Charlet (Nicolas-Toussaint)

43 — *Essai à la manière noire* — Croquis et Pochades à l'encre de chine. Sept lith. Belles épreuves.

44 — M. Pigeon en grande tenue — Vainqueurs et Vaincus Union — Souvenir, etc. Sept p. Belles épr.

45 — Costumes militaires. Dix p. Belles épreuves.

46 — Sujets divers. Trente pièces.

47 — Etudes et croquis. Huit dessins par Charlet.

Chauvel (Théophile)

48 — Eaux-fortes originales : Les Saules à Neuilly (Loys Delteil, 2) — Chevaux au bord de la Seine (5-6) — Titre (9) — Le Moulin à vent (11) — Sous les noyers (12) — Solitude (17) — Passage de la Ternoise (18) Cerfs en forêt (19) — La Grenouille et le Bœuf (20) — A. Samois (33). Douze p. Belles épr., plusieurs avant la lettre ou l'adresse de Delatre.

Cochin fils (C. N.)

49 — Décoration de la Salle de spectacle de Versailles, à l'occasion du mariage du Dauphin, 1745. Très belle épr. à toutes marges.

50 — Décoration du Bal paré, donné à l'occasion du mariage du Dauphin, 1745. Très belle épr. à toutes marges.

Corot (d'après C.)

51 — Paysages, par Lalanne, Waltner, Toussaint, Martinez, Très belles épreuves.

Dantan (d'après E.)

52 — Le Moulage d'après nature, par E. Grenier. In-fol. Très belle épreuve sur japon, avec *remarque* signée par les artistes.

Daumier (Honoré)

53 — Cortège du commandant général des apothicaires. In-fol. Très belle épreuve, coloriée.

54 — Différentes monomanies des aliénés politiques. In-fol. Très belle épreuve, coloriée.

Decamps (Alex.-Gabriel)

55 — Corps de garde turc (17) — Le même sujet, lith. — Village de Turquie (19). Trois p. Belles épreuve, deux sur chine.

56 — Les Saltimbanques — Les Mendiants — Une Rencontre — Récréation, etc. Dix lith.

57 — Les Experts — Le Chenil — Le Cocher — Baigneuses La sortie de l'Ecole, etc. Dix-neuf p. par Français, Bracquemond, Masson et autres. Belles épreuves.

Delacroix (Eugène)

58 — Tigre couché (A.M. 9) In-8. Très belle épr. sur papier ancien. Rare.

59 — Tigre couché dans le désert (16). Très belle épr. du 2e état sur chine, avec l'adresse de Picot. Rare.

60 — La même pièce. Belle épr. du 3e état, avec l'adresse de Delatre, remise.

61 — La même pièce. Belle épr. du 4e état, l'adresse de Delatre, enlevée.

62 — Front-de-Bœuf et le Juif (45). Très belle et fort rare épr. du 1er état avec les *croquis*.

63 — La Sœur de Duguesclin (47) — Front-de-Bœuf et le Juif (45) — Lionne déchirant la poitrine d'un Arabe (17) Trois p. les 2 premières sur chine.

64 — Lion dévorant un cheval (56) — Jeune Tigre jouant avec sa Mère (49) — Un homme d'Armes du Temps de François 1er (1er et 2e états).

65 — Le Tasse en prison — Le Prisonnier de Chillon — Hamlet — St-Sébastien — Daniel, etc. Quinze p., par Villot, Mouilleron, Eug. Le Roux et autres. Belles épr.

Devéria (Achille)

66 — Sujets divers. Dix lithographies.

Diaz (N.)

67 — La Veuve — Imposture — Beauté — Les Fous et les Folles amoureux — La Mort de peur. Six p. originales. Très belles épr. sur chine.

68 — Les Baigneuses — Le Rêve — Le Génie et les Grâces, etc. Six p. par J. Laurens, Français, Mouilleron. Belles épreuves.

Eaux-fortes modernes

69 — Jacinte, par C. Nanteuil — Gilles (Watteau) — Mort de Chramm (Luminais), par Le Couteux, etc. Sept p. Très belles épr. d'artiste, sur japon.

70 — Sujets divers. Vingt-trois p. extraites des *Sonnets et Eaux-fortes*, par Ranvier, Jundt, Flameng, Edwards, Hédouin et autres. Très belles épr.

71 — Sujets divers, d'apr. Meissonnier, Greuze, Hooch, Roybet, etc., par Courtry, Le Rat, Flameng, Rajon. Vingt-huit p., plusieurs en épr. d'artiste.

72 — Vues diverses. Vingt-cinq p., par Mlle Niel, Lucien-Gautier, Delaunay, Ballin. Belles épr.

73 — Paysages, par Coindre, Martial, Beauverie et autres. Vingt-quatre p., la plupart en épr. d'artiste.

74 — Paysages. Treize p. par Van Marcke, Veyrassat, Kratkė, Daumont, etc. la plupart en épr. d'artiste.

75 Sujets divers — Paysages — Jeune citoyen de l'an V, etc. Vingt-et-une p. par Bléry, Boissieu, Detaille, Martial, Rudeaux, plusieurs en épreuves d'artiste.

Ecole ancienne

76 — Jean Boll — J. Zaffius — L'Adolescence — La Virilité Evangélistes. Sept p. par Goltzius, C. de Passe, J. van de Velde, Belles épr.

77 — Scènes rustiques et Paysages. Huit p., par Naiwjinck, Visscher, Dassonville, etc. Belles épreuves.

78 — L'Amour maternel — L'Occupation champêtre — Mort de Michel-Ange — Louis Galloche, etc. Six p. par Palmiérus, J. G. Muller, etc.

Ecole Française

79 — Le Tendre désir — Lubin — La Félicité villageoise — La Gaieté conjugale. Quatre p., par de Launay, Massard et Binet, d'apr. Greuze et Freudeberg.

80 — Le Réveil des Enfants — L'Orage — Henri IV et le Charbonnier — Portrait de Femme, etc. Cinq p., par Avril, Guttenberg, Tilliard, Moitte, d'apr. Borel, Le Prince, Lallemand, etc. Belles épreuves.

Ecole anglaise (XIXe siècle)

81 — Bataille de Trafalgar — Bataille de Waterloo, etc. Trois p., in-fol. par Miller, Willmore et J. Cousen. Très belles épreuves.

82 — Sujets de Chasse — Sujets de genre — Paysages. Seize p., in-fol. par Bacon, Fisher, Lighfoot et autres. Très belles épreuves.

83 — Sujets divers inspirés des Romans anglais — Vues de Grèce et d'Italie, etc. Vingt-cinq p. in-fol. par Finden. Goodall, Smith, etc. Très belles épr.

Flameng (Léopold)

84 — L'Angélique (Ingres) — Le Doreur (Rembrandt) — Roland mort (Vélasquez) — Visite à l'accouchée (Metzu) etc. Douze p. Très belles épreuves sur chine.

Garneray

85 — Port de Marseille — Vue de Rouen — Vue du port de Lorient. Trois p. in-fol. Très belles épreuves.

Gavarni

86 — La Boîte aux lettres. Quatorze pl. en un album rel.

87 — Sujets divers extraits de l'Artiste. Quarante p. Belles épreuves,

88 La Chanson de table. Très belle épr. avant la lettre, sur chine.

89 — Le Chargé d'affaires — Un souper de Carnaval — Les Débardeurs, etc. Quatorze p. plusieurs sur chine ou coloriées.

Gazette des Beaux-Arts

90 — Sujets divers et Paysages d'après les Maîtres anciens modernes. Vingt p. par Daubigny, Flameng, Gaillard, Servin, Gilbert, etc. Belle épr. sur chine.

Gellée (Claude)

91 — La Tempête (R. D. 5, 4e état) — Le Pont de bois (14. 2e état) — Le Départ pour les Champs (16. 2e état). Trois p. Belles épr.

Goltzius (Henri)

92 — Un officier de Guerre (B. 216). Très belle épreuve.

Goncourt (Jules de)

93 — La Lorette, d'après Gavarni. Deux très belles épr. dont une très rare du 1er état avant la planche coupée et avec les mots : *To let*.

94 — Masque de Rousseau — Femme nue — Mendiants — Ma Femme serait-elle légère. Quatre p. d'apr. La Tour, Boucher et Gavarni, trois sur japon ou sur chine.

Goya (F.)

95 — Philippe III, roi d'Espagne — Marguerite d'Autriche Deux p., d'apr. Velasquez. Belles épreuves.

96 — Philippe IV, roi d'Espagne — Don Gaspar de Guzman Deux p.. d'apr. Velasquez. Belles épr.

97 — Le même personnage — Isabelle de Bourbon. Deux p. Belles épreuves.

98 — Esope, d'après Velasquez. Très belle épr.

99 — *Hasta la muerta* — Bacchus couronnant des Ivrognes — Un Prisonnier. Trois p. Belles épr.

Guérárd (Henry)

100 — Tête de vieille Femme — Ch. Pulzky — Portrait d'homme — Almanach — Sujets divers. Dix p., plusieurs en épreuves d'artiste.

Haden (Francis Seymour)

101 — Maison de Whistler, au Vieux Chelsea (R. Drake 47) Très belle épr., signée.

102 — Le Chateau de Cowdray, 1882 (R.D. 195) Très belle épreuve, sur japon.

103 — Bords de rivière, Werrington (R,D.117). Très belle épreuve.

104 — Coucher de soleil sur la Tamise (R.D.83). Très belle épr., du 2e état, sur japon.

105 — Vue prise d'une fenêtre de la maison de l'artiste (R. D.17). Très belle épreuve.

106 L'Ecluse d'Egham (R.D.15). Très belle épr., du 1er état, avant la signature.

107 — La Jetée à Calais (R.D.87). Belle épr., sur japon.

108 — L'Abreuvoir à Kenarth (R.D.57). Très belle épr. signée

109 — Vue de Shepperton (R.D.71). Très belle épreuve.

110 — Thames Ditton (R.D.64). Très belle épr., sur japon.

111 — Porte du Chateau à Burgos (R.D.168). Très belle épr. sur japon.

112 — Vue d'Amsterdam (R.D.37). Très belle épr., impr., en 2 tons.

113 — Berge de la Rivière, à Sonning (R.D.105). Très belle épr., sur japon.

Hervier (Adolphe)

114 — Sujets divers. Suite de 14 lith., numérotées de 1 à 14 Très belles epreuves sur chine, toutes marges.

115 — Paysages — Marines — Intérieurs rustiques. Neuf p, Belles épreuves.

Huet (Paul)

116 — Le Clocher d'Harfleur — Le Soir — Le Ruisseau — La Plage — La Prairie. Cinq p. Très belles épr. sur chine

117 — La Maison du Garde — Le Héron — Le Braconnier — Un Pont en Auvergne — Le Midi, etc. Dix p. Belles ép.

Isabey (Eugène)

118 — Eglise St Jean à Thiers — Croix de Chaudesaigues — Lac d'Aidat — Rue des Gras, à Clermont — Chateau de Pontgibaud — Entrée du village des Bains. Six lith., in-fol. Très belles épreuves sur chine.

119 — Marines et Paysages. Treize p., par Eug. Isabey et Th. Gudin. Belles épreuves.

Jacque (Charles)

120 — Album de 1864. Suite complète de 24 pl. Très belles epreuves sur chine.

121 — Album de 1865-1866. Suite complète de 24 pl. Très belles épreuves sur chine.

122 — Paysages et Animaux — Figures. Vingt-et-une p. Belles épreuves.

Jacquemart (Jules)

123 — Le supplicié Japonais — Le Liseur — Bijoux, Objets d'art, etc. Dix-neuf p. Belles épreuves.

124 — L'Ecureuil et la Mouche — Avant le Bal — Souvenirs de voyage — Une Gênoise. Cinq p. Belles épr.

Janinet (J.F.)

125 — Joseph, sourd-muet, se disant le Cte de Solar, d'apr. Lemoine. Très belle épr. avant toutes lettres, les légendes écrites par l'artiste. Rare.

Lalanne (Maxime)

126 — Hennebout — Un village en Bourgogne — à Cénon — Bordeaux, vu de Cénon — A Zaandam — Vieux quartier d'Amsterdam. Six p. Très belles épr., d'artiste, cinq sur japon.

127 — Les Ormeaux de Cénon — Les Acacias — Un vieux quartier à Vitré — Trouville — Port de Trouville — Les Roches noires. Six p. Très belles épr., d'artiste, quatre sur japon.

128 — Beuzeval — Villers — La Seine à Bezons — Dans un Parc — Un Pigeonnier — Concarneau. Sept p. Très belles épr., d'artiste, quatre sur japon.

129 — Démolitions pour le percement du Bd St Germain et la rue des Ecoles — Incendie du port de Bordeaux — L'Exposition Universelle de 1878 — Crépuscule. Sept p. Très belles épr., d'artiste, trois sur japon.

130 — Le Billard, 2 pl, — Paysages, d'apr. Corot, Troyon, etc. Sept p. Très belles épr., d'artiste sur japon.

131 — Etudes et Croquis. Huit p., Trés belles épreuves, six d'artiste sur japon.

Lalauze (Ad.)

132 — Le petit Monde. Suite complète de 10 pl. et 1 titre dans la couverture de publication, épreuves sur japon.

133 — Illustrations pour les Œuvres d'Alfred de Musset. Cinquante-huit pièces, d'apr. Eug. Lami. Très belles et rares épreuves à l'état *d'eau-forte* avec les *croquis* dans la marge.

Lami (Eug.) et **Delarue** (F.)

134 — Costumes militaires Français — Calèche — Au Théâtre : 1ere Loge, le Paradis — Au Diable la poussière, etc. Quatorze p. Belles épreuves, la plupart coloriées.

Lancret (d'après N.)

135 — L'Enfance — La Vieillesse. Deux p. in-fol. par N. de Larmessin. Très belles épr. grandes marges.

Le Clerc (d'après)

136 — La Distraite, par Dupin. Très belle épreuve

Legros (Alphonse)

137 — Le Viel espagnol — La Charrue — Les Mendiants anglais. Trois p. Très belles épr. d'artiste, deux sur chine volant.

Lepic (Comte)

138 — Pour les Pauvres — Paysages et Marines. Treize p la plupart en épreuves d'artiste, quelques doubles.

Lithographies

139 — Sujets divers. Quinze p., par G. Doré, Mouilleron, Sirouy, Vernier d'apr. Barye, Corot, Géricault et autres Belles épreuves.

140 — Sujets divers et Paysages. vingt-quatre p. par Français, Mouillerou, Leroux, etc. Belles épreuves.

141 — Attaque du Tigre — Enfance de J. Callot — Les Maraudeurs — Convalescencé, etc. Six p., par L. Boulanger, Gigoux, Lemud. Belles épreuves.

142 — Vues de Normandie. par Emile Sagot. vingt-quatre p. en un album cart.

Lorentz (A.J.)

143 — Georges Sand en habit d'homme. Lith. Belle épr.

Lunois (Alexandre)

144 — La Sealle Graffard, d'après J. Béraud. Très belle épr. d'artiste sur japon, signée.

Martial-Potémont (A.)

145 — La Question du nouvel An — Lettre sur la Gravure à l'eau-forte — Ruisseau en forêt — Les Bucheronnes — Mare sous bois. Deux suites complètes dans leur couverture de publication et 4 pl. séparées.

Martini (P.A.)

146 — Exposition au Salon du Louvre, en 1787. In-fol.

Menus

147 — Menus, Adresses. Quinze pièces par divers artistes. Belles épreuves.

Méryon (Charles)

148 — Tourelle rue de la Tixeranderie, démolie en 1851 (H.B.43). Très belle épreuve avec le n°

149 — St Etienne du Mont (44). Belle épr., avant les inscriptions, remontée.

150 — La Pompe Notre-Dame (45). T ès belle épr. avec le no

151 — La Rue des Toiles, à Bourges (58). Très belle épreuve avec le titre.

152 — Bain-froid Chevrier (84 et 84bis). Très belle épreuve, avec la légende gravée dans la marge.

153 — La Tour de l'Horloge — Le Petit Pont — La Pompe de Notre-Dame. Trois p. Belles épreuves.

Montaut (de)

154 — *Arrivée de Napoléon au pied de la Colonne.* Lith. in-fol., très rare. Belle epreuve.

Monnier (Henry)

155 — Bonaparte est mort comme vous et moi... — La Sortie de l'audience — Chacun son tour — Une Bête malfaisante etc. Onze p. Belles épr. plusieurs coloriées.

Morin (Jean)

156 — Netz. (Nicolas de) — Talon (Omer) — Tarrisse (Don Grégoire — Verger du Houranne (J.). Quatre p. Belles ép.

Nanteuil (Célestin)

157 — La Délivrance, d'apr. Etex — Abigail. Deux p. Belles ép.

158 — Galathée, d'apr. Tassaërt — Les premières Roses (Chaplin) — La Statue (Mélingue) — La Bonne mère, etc. Dix p. Belles épr. la plupart sur chine.

Napoléon 1er (Estampes relatives à)

159 — Napoléon-Bonaparte, par Aug. Desnoyers, d'apr. R. Lefèvre. Très belle épr.

160 — Bonaparte à cheval — Général de la Révolution. Deux p. gravées à la manière du crayon. Très belles épreuves avant toutes lettres.

161 — Napoléon. Cinq p. par Charlet. Belles épreuves.

162 — Allemagne, 1805. Lith. par Llanta, d'apr. Raffet. Très belle épreuve.

Neuville (Alph. de)

163 — Mobiles duns la Tranchée. Très bellé épr., avant la lettre de la seule eau-forte du maître

Ostade (Adrien van)

164 — Scènes rustiques. Dix-neuf pièces.

Oudart (Félix)

165 — Calendriers pour 1882, 1884 et 1886 — Clair de lune Quatre p. in-fol.

Piccini (Antonio)

166 — Souvenirs de Rome, Suite complète de 12 p.,. avec préface de Jules Claretie, Très belles épr., sur japon.

Pièces historiques

167 — Maison ou est mort S.A.R. Mgr. le duc d'Orléans — Intérieur de la Chambre ou S.A.R. Mgr le duc d'Orléans Deux p,, par Emile Loubon ? Très belles épreuves. Rares

168 — Louis-Philippe soignant le Maréchal Mortier, blessé à mort, après l'attentat de Fieschi. Lith. in-fol. par Marin-Lavigne, d'après Alf. Johannot. Très belle et rare épr., avant la lettre, sur chine.

169 — Scènes de la Révolution de 1830 — Les Trois routes — Ecole Royale Polythecnique — Légion d'honneur de St Denis — Pièces relatives à Napoléon, etc. vingt-trois p., plusieurs rares.

170 — Vue générale des décorations.. feux d'artifice donnée par la ville de Paris, à l'occasion du Mariage de Mme Elisabeth, 1789. Grand in-fol. Belle épreuve.

Poilly (François de)

171 — Sujets gracieux. Suite de quatre p., d'apr. Raoux et Courtin, à toutes marges.

Portraits

172 — Condé (le Grand — Montmorency (H. de) — Scévole de Ste Marthe — Le Fèvre (N.) — Rigaud (N.) — Caylus Six p., par Huret, Edelinck. Mellan et Littret. Belles ép.

Prud'hon (par et d'après P.P.)

173 — Le Fils de Gouvion St Cyr — Les Vendanges — Marguerite — Daphnis et Chloé — Vénus et Adonis, etc Treize p., par Prud'hon, Aubry-Lecomte, J. Boilly et autres, la plupart sur chine.

174 — La Justice poursuivant le Crime — La France protège la Jeunesse — La Famille malheureuse. Trois p., par B. Roger et Dugelay.

Raffet (A.)

175 — Combat d'Oued-Alleg (H.G. 82) Très belle épr. sur chine du 2e état avec l'adresse de la *rue Favart.*

176 — la même pièce. Très belle épreuve sur chine avec l'adresse : *Rue du Bac.*

177 — Caricatures politiques. Onze p., extraites de la *Caricature.* Belles épreuves.

178 — Demidoff (le Pce A.) — Boyer — Le Blanc — Lebrun — *Ils grognaient...* — Bonaparte en Egypte, etc. Dix p., plusieurs en très belles épreuves.

Ramus (E.)

179 — La Naissance de Henri IV, d'ap.. Eug. Devéria. In-fol Très belle épr., d'artiste, avec *remarque,* sur japon.

Rassenfosse

180 — Etude de Femme nue. Pointe-sèche in-fol. Très be'le épreuve rehaussée de pastel.

181 — Tailleur pour Dames. Deux très belles épeuves d'artiste, une non terminée.

182 — La Femme au masque — Danseuse — La Frileuse — Anna. Quatre p. Très belles épreuves d'artiste.

183 — Joueuse de Flûte — Nocturne — La Rencontre — Planche de croquis. Quatre p. Très belles épr., d'artiste.

Rops (F.)

184 — En prenant le Thé (R. 51). Très belle épreuve du 2e état, sur japon, signée.

185 — L'Affuteur (57). Très belle et très rare épreuve du 4e état, avant la lettre sur japon.

186 — L'Ariette (63). Très belle épr. du 5e état, avant la lettre, signée.

187 — Mon Bourgmestre (64) — Le Modèle (65). Deux p. impr. sur la même feuille. Belles épr.

188 — Pilier d'Eglise (90). Très belles épr. signée.

189 — Seule! (R. 94). Vernis-mou. Très belle épreuve, légèrement rehaussée de pastel, signée.

190 — L'Oracle du Hameau (92). Très belle épreuve du 2e état, signée, avec en marge, *croquis* à la plume.

191 — La même pièce. Très belle épreuve sur japon, signée.

192 — Ma Goutte, sujet du milieu (137). Très belle épr. sur japon, signée.

193 — Le Pendu, légende d'Ulenspiegel (357). Belle épreuve.

194 — Le Sire de Lumey (358). Deux très belles épreuves, une d'artiste, signée.

195 — Le Buveur (359). Trés belle épreuve avec la signature dans la marge.

196 — La même pièce. Belle épreuve.

197 — Cy-devant. Vernis mou. Très belle épr. sur Japon.

198 — Détritus humain. Très belle épr. sur japon.

199 — Menu au Jockey — Menu du Docteur — La Vieille aux Fleurs de Lys — Le Chat. Quatre petites pièces, Belles épr. sur japon mince, signées.

Sabatelli (Luigi)

200 — La Peste de Florence Grand in-fol. Belle épreuve.

Rops (d'après F.)

201 — La Dame au cochon, par E. Gaujean. Très belle épreuve d'artiste, sur japon, impr. en couleurs.

202 — La même pièce. Très belle épreuve d'artiste, impr. en deux tons.

203 — Metella — L'Aveugle — Buveuse d'absinthe — Lecture du Grimoire, etc. Six p., par et d'après Rops. Belles épreuves.

Sergent (A.F.)

204 — Louis XVI — Louis-Philippe Joseph, duc d'Orléans. Deux p. Très belles épr. impr. en deux tons, toutes marges.

205 — Le comte de Mirabeau — Comte de Gouy d'Arsy. Deux p. Très belles épr. une impr. en deux tons.

Somn (Henry)

206 — Parisiennes — Décorations d'assiettes. Neuf p. Belles épreuves.

Tiepolo (J. B. et D.)

207 — La Fuite en Egypte. Quatorze eaux-fortes, compositions différentes. Très belles épreuves.

208 — Chemin de Croix. Suite complète de quatorze p. Très belles épreuves.

209 — Sujets religieux et de Fantaisie. Douze p. Belles épreuves.

Tissot (J.)

210 — Convalescente. Très belle épr. d'artiste, sur japon, signée et timbrée.

Vernet (d'après C. et H.)

211 — Le Départ du Chasseur, par Levachez — Le Courrier anglais, par Debucourt. Belles épreuves, la 2e coloriée.

212 — Le Grenadier de l'Ile d'Elbe — Le Marché aux Chevaux — Les Fourrageurs — Mamelucks — Atelier de H. Vernet. Sept p. par divers artistes.

Vernier (Emile)

213 — Paysages, d'après Corot, Daubigny et Dupré. Très belles épreuves avant la lettre, trois avec dédicace.

Vignettes

214 — Vignettes modernes, par ou d'après Lemud, Trimolet, Daubigny, Johannot, de Mare, Champollion, etc. Trente-quatre p. la plupart en épr. d'artiste.

Waltner (Ch. Alb.)

215 — Le Pce de Galles — Bischoffsheim (Mme) — Masson Pne) — Van Wertrun, etc. Huit p. Belles épr.

Watteau (d'après Ant.)

216 — L'Accordée de Village — Scène champêtre — Figures Sept p., par Boucher, Audran et anonymes, deux non terminées.

Whistler (J. M. N.)

217 — The Linne-Burner, 1859 (W. 44)). Superbe épr. sur papier ancien.

218 — La Forge, 1861 (W. 63). Très belle épreuve.

219 — Millbank (W. 67). Très belle épreuve.

220 — Putney Bridge (W. 145). Très belle épr. sur japon.

221 — Fulham (W. 148). Très belle épr. sur japon.

222 — Sous ce no il sera vendu des estampes non cataloguées.

Imp. A. Charles, 26, Rue Rambuteau, Paris

www.ingramcontent.com/pod-product-compliance
Ingram Content Group UK Ltd.
Pitfield, Milton Keynes, MK11 3LW, UK
UKHW020540180726
13839UKWH00006B/2624